# CORRESPONDANCE

## OU SUITE

## AUX QUATRE - ÉPOQUES.

Par M. BURTIN, Avocat.

*Fiat Lux.........*

A LYON,

Chez les Marchands de Nouveautés.

1815.

J.-M. BOURSY, IMPRIMEUR, RUE POULAILLERIE.

# PRÉFACE.

*Encore une Préface, dira quelque censeur chagrin? A quoi bon ennuyer le public? Venez-vous demander, selon l'éternelle coutume, grace aux lecteurs, protester en suppliant de votre soumission entière à ses judicieux arrêts? — Non. — Que direz-vous donc au public? — La vérité..... — Y pensez-vous, auteur imprudent? c'est aujourd'hui le plus grand crime, il n'y a que les vérités qui offensent, jugez-en donc par l'état de fureur dans laquelle se trouve le Sieur Maret.*

*Lorsque je publiai les Quatre-Époques, je m'attendais donc à voir l'ouvrage examiné, commenté, interprété, critiqué, sifflé même.... J'avais eu l'audace et la folie de dire la vérité. Or, comme depuis plus de vingt siècles la sagesse nous a enseigné que toutes vérités n'étaient pas bonnes à dire, il était évident que je m'étais volontairement placé sur la cime d'un volcan.....*

*Un docte personnage a dit fort ingénieusement que la vérité s'était réfugiée au fond d'un puits.... Ah! que de gens intéressés aujourd'hui à l'y laisser!*

*Il est probable que Monsieur Rambaud et le Sieur Maret sont de ce nombre : le premier s'est glissé de Paris dans le Journal de Lyon, pour nous dire qu'il n'était pas fédéré... Il faut rendre justice, il l'a fait avec modération, et j'étais bien décidé à ne point y répondre.*

*Occupant tout le supplément du Journal de Lyon, débouchant sur quatre grandes colonnes, le Sieur Maret son premier lieutenant s'avance, et, dans les convulsions d'Oreste, il lance au public son énorme justification. Ah! si l'ennui donnait la mort, la justification du Sieur Maret eut enterré le tiers de ses lecteurs.*

*Malgré l'évidente fausseté de la justification du Sieur Maret, j'aurais encore gardé le silence en passant sur toutes les injures et les personnalités; mais il menace, il parle sans cesse de peines et de châtimens à infliger. Ah! c'en est trop, je relève le gant, j'oppose ma brochure à leur apologie, et je leur dis et leur répèterai sans cesse, avec l'énergie que donne la vérité,* Quod scripsi, scripsi, et sic probo.

# CORRESPONDANCE

OU

## SUITE AUX *QUATRE - ÉPOQUES.*

———

Un grand procès est à juger au tribunal de l'opinion publique. Monsieur Rambaud et le Sieur Maret se disent calomniés, parce qu'une affiche, les journaux du temps et diverses brochures les ont présentés comme fédérés. Cette récrimination tardive est plaisante : à quoi pensent ces Messieurs, en contestant sur une qualité, sur une possession d'état si bien établie ?

Si au criminel la moralité d'un accusé donne aux jurés la conviction intime; ah! sans contredit, la conduite politique procurera la même conviction sur le point contesté : qui a pu le plus, peut le moins.

Supposons un instant le fait douteux, malgré les affiches, les journaux du temps et toutes les brochures. Ce doute se change en certitude si l'on considère les visites, les sermens, les signatures et sur-tout l'assistance au Champ-de-Mai, qui est authentique et que le Sieur Maret ne peut nier. Cette dernière circonstance est la plus forte et la plus aggravante : elle indique une opinion bien prononcée, suivie d'effets.

Je déclare que si j'avais fait 200 lieues pour être acteur au célèbre Champ-de-Mai, il y aurait inconséquence ridicule de me formaliser de la qualité de fédéré; car ce Champ-de-Mai était l'essence des fédérations, ou autrement le pacte fédératif par excellence, dont les autres n'étaient qu'une faible image...... aussi n'y avait-il que les *purs* en dignité qui avaient droit d'y paraître.

Que de circonstances atténuantes ont pu, à Lyon et sur d'autres points, entraîner à la fédération locale? La nouveauté du spectacle, la société de différentes personnes, la crainte qui agit si puissamment sur les ames faibles, et d'autres motifs de cette nature ont décuplé le nombre des fédérés sans en faire des conjurés..... Erreur et faiblesse ne furent jamais des crimes.

A cent lieues de la Capitale, le départ pour le Champ-de-Mai était un acte de dévouement au parti, c'était, dans son département, se placer sur la première ligne, soit comme électeur, soit comme fonctionnaire public......

C'était s'armer du drapeau, et dire à ses concitoyens, imitez-moi; c'était..... mais on n'en finirait pas.... qu'honneur et justice soit donc rendus au Sieur Maret, le fédéré des fédérés qui, abandonnant tout, et comme magistrat, et comme père de famille, a volontairement représenté son département, en sa qualité d'électeur dans cette imposante fédération. Quelle calamité pour le département et pour la ville, s'ils n'eussent été représentés dans ce grand œuvre! et peut-être que ce malheur aurait existé sans le zèle du Sieur Maret.... Qu'honneur et justice lui soient donc rendus : *à fructibus eorum cognoscetis eos.*

Se défendre d'avoir été fédéré, quand on a été acteur au trop célèbre Champ-de-Mai, ressemblerait à un homme qui conviendrait d'avoir volé un bœuf, et jetterait les hauts cris *en se vouant à des peines infamantes, même à la perte de sa tête,* lorsqu'on lui ferait le reproche d'avoir enlevé une poule.

On présente au public, juge du procès, les défenses de ces Messieurs, telles qu'ils les ont données, avec des réponses que le Journal de Lyon a refusé d'insérer.... Ce refus est contraire aux principes : en admettant les lettres justificatives, on devait y placer les réponses ou n'en recevoir aucunes.

Si Lavater a tracé les caractères sur les traits de la figure, si , après lui, le docteur Gall a désigné les passions sur les protubérances du crâne, il sera facile au lecteur de connaître la différence de caractère des deux héros sur leurs écrits. C'est un miroir fidèle qui les représente trait pour trait.

Le premier ne se dissimule point tout ce qu'on peut lui objecter, aussi se défend-il pour la forme, *on m'a dit, j'ai déclaré, on est venu*, etc., etc., etc.... C'est une simple girouette, d'une mobilité extraordinaire, qu'un coup de vent a enlevée.... C'est l'emblême du superbe renversé :

*Qui se exaltat humiliabitur.*

Le second, la coupe de poison d'une main, le poignard de l'autre, quoique blessé à mort, épouvante encore; il présente *sa tête à couper, il se voue aux peines infamantes* , il ne parle que *de pilori* , *de galérien* , *de forfaits, d'atroces vengeances.*

C'est le tableau d'un furieux... Soyez-en convaincus, il n'y a que les vérités qui offensent, et on a atteint le cœur :

*Fœnum in cornu habet.*

Pour mettre en scène le premier, Molière serait nécessaire ; pour le second, Crébillon et Sakespear.

La lice est ouverte, les combattans sont dans l'arène. Retirez-vous *auteurs anonymes, pseudonimes et pussillanimes*, retirez-vous ; la rage d'un tigre blessé n'épouvante pas un chasseur courageux, et laissez à *l'homme qui, connu, a cessé d'être dangereux*, le soin de terminer cette lutte sans secours étrangers :

A vaincre sans péril, on triomphe sans gloire.

---

On lit dans le Journal de Lyon, du 28 Septembre, la lettre suivante :

» Paris, le 21 Septembre 1815.

» *A Monsieur le Rédacteur*, etc.

» MONSIEUR,

» Je suis informé que dans une brochure nouvelle, imprimée à Lyon sous le titre de *Tableau historique des événemens qui se sont passés à Lyon depuis le retour de Bonaparte jusqu'au rétablissement de Louis XVIII*, on rappelle une liste des membres de la commission centrale de la fédération, dans laquelle mon nom se trouve.

» On me mande que, dans une note ajoutée à cette liste, il est dit que le nom de M. Desprez y a été mal à propos compris, attendu que ce citoyen n'a jamais signé sur les registres de la fédération.

» J'avais droit à la même exception, et si l'on a pu vérifier le fait par rapport à M. Desprez, on aurait pu le vérifier également en ce qui me touche.

» Je déclare que je n'ai point été fédéré ; que je n'ai pas

voulu l'être ; que je n'ai pris part à aucun acte de la fédération ; que je n'ai assisté à aucune de ses séances ; que j'ai refusé de signer l'acte de fédération, quoique, pour obtenir ma signature, des fédérés se soient présentés chez moi plusieurs fois, et que le commissaire extraordinaire qui avait été envoyé à Lyon m'ait vivement pressé de la donner. Mon refus a été si constant et si notoire, qu'un des membres de la fédération se permit de dire à un magistrat, qui me le répéta à l'instant même, qu'on signalerait au peuple les fonctionnaires qui recevaient des traitemens et qui ne voulaient pas entrer dans la fédération, et il me désigna particulièrement, en exprimant la quotité du traitement attaché à ma place.

» Au reste, je ne cessai de déclarer, soit dans le sein de la compagnie de magistrature à laquelle j'ai l'honneur d'appartenir, soit dans ma famille et dans le monde, que je n'étais point fédéré, que je ne voulais pas l'être ; que l'insertion qui avait eu lieu de mon nom sur une liste de fédérés, n'avait jamais eu mon aveu. J'ai dû croire que cela suffisait.

» Je vous prie, Monsieur, de vouloir bien insérer la présente déclaration dans un prochain numéro de votre journal.

» Agréez, Monsieur, l'assurance de ma parfaite considération.

» Le Baron RAMBAUD. »

( 11 )

Le 10 Octobre, j'adressai au Rédacteur du Journal de Lyon, la lettre suivante :

M O N S I E U R ,

J'ai lu avec étonnement dans votre Journal du 28 septembre 1815, la réclamation de M. le Baron Rambaud qui prétend aujourd'hui n'avoir pas fait partie de la fédération de Lyon, en alléguant que si l'auteur *du Tableau Historique* a excepté M. Desprez, il a un droit incontestable à la même exception.

On observe que c'est mal-à-propos que M. le Baron Rambaud s'assimilant à M. Desprez, assure être dans la même hypothèse : un rapprochement succinct fera disparaître la prétendue similitude.

1.º Aussitôt que l'affiche parut, M. Desprez s'empressa d'énoncer son refus par écrit aux membres de la commission.

M. Rambaud, au contraire, garda le silence; il connaissait trop les conséquences de cet adage : *Scripta manent.*

2.º Lors du changement du maire de Lyon, M. Desprez a donné sa démission de membre du corps municipal, du conseil de préfecture, et s'est refusé au serment.

M. Rambaud au contraire, a conservé son emploi, et prêté tous les sermens sans être légalement relevé de l'antécédent.

( 12 )

3.º M. Desprez envoyait son fils, Garde du Corps, auprès du Roi, à Gand, afin qu'il restât fidèle à son serment et à ses devoirs, dans le moment où M. Rambaud, courtisan zélé de Bonaparte, à Lyon , organisait tout dans sa partie pour son service.

4.º M. Desprez, indigné de la contexture des articles additionnels, n'a pas voulu les signer, tandis que M. le Baron Rambaud les a formellement approuvés par sa signature.

Or, quel était le but des articles additionnels? l'exclusion des Bourbons. Quel était celui de la Fédération? l'exclusion des Bourbons. La fédération avait donc pour objet de mettre à exécution ce que M. le Baron avait approuvé par écrit. Dès-lors il ne peut point y avoir de différence entre celui qui a signé et celui qui a agi en conformité de la signature.

Convenez, M. le Baron de la Sablière, que l'auteur du Tableau historique, n'a pas dû vous comprendre dans l'exception avec M. Desprez ; convenez que l'insertion du nom de M. Desprez sur le tableau des fédérés, est pour tous une erreur évidente et palpable, parce que tout ce qu'il a dit et fait était en sens inverse, tandis que cette insertion n'était pour vous que la conséquence immédiate de vos actions. Convenez qu'en cas de succès, M. Desprez ne pouvait pas prendre la qualité de fédéré, son refus étant consigné dans les archives; tandis que n'ayant rien écrit, personne ne pouvait vous contester cette qualité. Vainement on eût allégué votre absence: il eut été présumable que de plus grands intérêts auraient exigé votre présence sur un autre point.

Ah! M. le Baron, le moins clairvoyant peut vous comprendre, vous auriez été fédéré si.... ...... vous ne l'êtes plus aujourd'hui ; c'est dans l'ordre. O mobilité étonnante et digne de notre admiration, toutes vos actions étaient d'un côté, tous vos vœux étaient de l'autre ! Puisse notre auguste Souverain et ses ministres, croire à vos vœux secrets, et vous admettre à les prouver !... Si le sable est l'emblême de la mobilité, comme étant le jouet de tous les vents, jamais Baronnie n'a eu une dénomination plus exacte pour en peindre le titulaire.

Je vous prie, Monsieur, d'insérer ma lettre dans votre journal, et de me croire avec la plus parfaite considération, etc.

*Lettre de Monsieur Maret, insérée sur quatre colonnes, formant le Supplément au n.º 101 du Journal de Lyon.*

» Monsieur,

» La calomnie s'est emparée trois fois de ma conduite politique pour la dénaturer indignement, soit dans des libelles imprimés, soit dans votre journal.

» Mon premier mouvement fut de signaler au public l'insigne fausseté de ces folliculaires, en attendant que je pusse leur faire infliger un châtiment plus analogue à leur délit. Mais je me vis condamné au silence par des personnes respectables, qui me persuadèrent que le mépris était la seule arme qu'il me convenait d'employer..... Que d'ailleurs la plainte rendue par le tribunal entier, dont j'ai l'honneur d'être l'un des principaux membres atteindrait tôt au tard ces méchants.

» Mais je vois que des hommes recommandables, tels que MM. le baron Rambaud, Desprez, avocat, et autres, ont réclamé dans votre journal contre des assertions dont ils soutiennent la fausseté, et qu'ils croient leur être préjudiciables. Je réfléchis aussi que la justice à laquelle le tribunal entier demande une réparation éclatante, doit avoir une marche lente, quoique sûre; tandis que la calomnie a des effets prompts et un essor rapide; qu'enfin il y a des individus qui s'engraissent du mépris public, au lieu de le considérer comme une flétrissure. Tels sont les motifs qui me décident enfin à vous prier d'insérer dans l'un de vos prochains numéros l'esquisse de mes réponses à ces vils délateurs.

Ouf! respirons un moment.... Il serait im-

( 15 )

possible de prendre en masse, l'énorme potion
préparée par le Sieur Maret, à ses lecteurs....
pour l'intérêt du public et le nôtre, on la di-
visera en plusieurs verrées, en y mettant force
lénitif pour neutraliser, s'il est possible, l'effet
des substances vénéneuses et corrosives qui
y ont été prodiguées.

*La calomnie*, s'écrie le Sieur Maret.... *s'est
emparée trois fois de ma vie politique.....*
Voilà un combat qui s'élève entre la vérité et
la calomnie, ce ne sera pas le dernier. Qui
se serait attendu que le Sieur Maret nous
eût lui-même présenté le point de solution?
*Je me vis condamné au silence* ( nous dit-il
fort ingénuement) *par des personnes respectables qui me persuadèrent que le mépris
était la seule arme qu'il me convenait d'employer.* Ces personnes respectables connaissaient bien toute la gravité et la véracité des
faits que l'on pouvait vous imputer, elles pré-
voyaient pour vous, les conséquences d'une
réponse : c'était un sage conseil dont vous
auriez dû profiter; et malgré le terme *de mépris*
qui n'était employé que pour colorer leur opinion, suivant l'usage de la société, elles vous
disaient avec force *cave, cave, esto prudens, et
tace.*

La suite de la discussion vous donnera le

véritable sens de leur opinion, et vous prouvera toute la sagesse du conseil.

---

» Leur premier chef d'accusation consiste à faire de moi sinon l'un des chefs de la fédération, au moins l'un de ses membres les plus actifs.

» Ma réponse est tranchante. Je me voue aux peines les plus graves, les plus arbitraires, si on découvre un seul homme, digne de quelque confiance, qui prétende m'avoir vu une seule fois dans l'assemblée des fédérés, ni coopérer à aucun de leurs actes, soit intérieurement, soit extérieurement.

» Il est vrai qu'on me dit dans le temps que mon nom se trouvait sur la liste affichée des membres de cette association ; mais la conséquence qu'on en tire n'en est pas moins fausse.

» C'est une erreur grave de s'imaginer que cette liste avait été faite après qu'on aurait demandé et obtenu le consentement de ceux qu'on y avait désignés, ou même dans une réunion à laquelle ils auraient assisté. Il est notoire que les choses n'ont pas eu lieu ainsi.

» Ceux qui conçurent le projet de la fédération et qui en formèrent le noyau, sentirent qu'ils avaient besoin de coopérateurs ; ils les désignèrent à leur gré, sans les consulter, et firent afficher leurs noms sans s'inquiéter de savoir si ou non ils accepteraient cette mission. Aussi est-il certain que plusieurs des personnes ainsi indiquées, et qui de l'aveu même des libellistes, sont en général très-estimables, ne se sont point rendues à cet appel.

» Ce ne sont pas aussi ces personnes, dont le nombre a été imprimé à concurrence de 30 ou 40, qu'on peut dire avoir formé la fédération, puisqu'on assure qu'elle était

composée

composée d'une quantité infiniment plus considérable de sociétaires.

» Me fera-t-on le reproche de n'avoir pas protesté dans le temps ? Mais je ne dus pas alors en prévoir la nécessité , je ne dus pas penser qu'une indication faite de ma personne en mon absence , et sans mon consentement préalable , pût devenir contre moi une preuve plus forte que celle qui résulterait de mon éloignement à rien faire qui pût démontrer que j'eusse acquiescé à ce choix. Enfin je dus croire fermement qu'il me suffisait de ne me permettre aucun acte en conséquence de cette nomination , pour la faire considérer comme nulle et n'ayant jamais eu lieu.

Un jurisconsulte recommandable par sa probité, ses talens et son désintéressement, lisant dans un lieu public, ce long plaidoyer du Sieur Maret, sur sa non-coopération à la fédération, riait aux éclats. Interrogé sur la cause de ses ris, il s'écria : « Quelle hardiesse! » le Sieur Maret *se voue aux peines les plus* » *graves et les plus arbitraires....*et j'ai placé » ma signature tellement sous la sienne que je » le porte sur les épaules dans le pacte fédéra- » tif!» Comme on le pense, les éclats de rire se généralisèrent. Ah ! qu'il nous soit permis d'en faire autant.....

Malgré toutes ses enveloppes, le Sieur Maret a par fois des bouffées d'ingénuité. *Si je n'ai pas protesté*, dit-il, *je n'ai pas dû en prévoir la nécessité.* Cela est positif : Bonaparte réussissant, il y aurait eu du danger pour votre place, de l'avoir fait; ne réussissant pas, vous n'étiez pas fédéré. Allons, vous voilà comme M. le Baron de la Sablière, placé sur un double siége, royal ou impérial.... Espérons que l'on vous fera l'application du proverbe. ...

Parlerons-nous de ce Champ-de-Mai , de cette Fédération par excellence , qui vous *plaçant sur le piédestal de la plus haute fédération*, vous donnait une telle prééminence sur les petits fédérés de province, que vous étiez à leur égard ce qu'un général est à un soldat... Et vous n'êtes pas fédéré , et vous nous le dites sérieusement...! Ah! vous en conviendrez, vous auriez dû suivre *le conseil des personnes recommandables*, dont vous avez parlé dans le début : garder le silence.

---

» On m'impute de nombreux discours en faveur de l'usurpation.

» Je réponds encore que je me voue à des peines infamantes , même à la perte de ma tête , si j'en ai fait un seul , écrit ou verbal , si j'ai débité ou récité une seule phrase , un seul mot, une seule syllabe , depuis la première rentrée du Roi en France , époque à laquelle mon plaisir plus encore que mon devoir , me porta à exprimer mon indicible joie et à signer l'adresse pleine de dévouement et de respects pour Louis XVIII et son auguste famille, qui fut rédigée par le tribunal , imprimée et affichée.

» Lorsqu'on accuse quelqu'un d'avoir fait un ou plusieurs discours, nécessairement le fait a eu lieu en présence de quelques personnes ou par la voie de l'impression, alors on cite le lieu où la scène fut passée et quelques-uns des auditeurs; mais les folliculaires les plus déhontés et même les anonymes, veulent qu'on leur accorde une pleine confiance même malgré l'invraisemblance. Si la société pouvait adopter de pareilles maximes, elle serait assurée de ne plus voir bientôt un seul honnête-homme, parce que les diffamateurs gagés ou volontaires nous auraient bientôt tous dégoûtés de la pratique de la vertu et réduits au même degré d'avilissement.

» On a porté l'excès de l'audace et de la perversité jusques à accuser tout le tribunal de première instance de Lyon, d'avoir fait une adresse dégoûtante d'enthousiasme pour Bonaparte et d'injures contre la famille régnante.

» Ici l'indignation interdit le raisonnement, et elle fait échapper la plume des doigts.

» Le tribunal entier et le parquet ont rendu plainte contre les auteurs pseudonymes de cet attentat sans exemple; tôt ou tard ils seront démasqués et punis, et le seul regrêt que les honnêtes-gens pourront éprouver, sera de voir peut-être, que la loi n'offre pas des châtimens proportionnés à un tel crime.

» Sentant, mais trop tard, les conséquences funestes que devait avoir contre eux leur incomparable turpitude, ils ont osé, dans votre journal du 21 septembre dernier, essayer de faire retomber sur moi seul, l'imputation à laquelle ils s'étaient livrés contre le tribunal entier.

» Mais s'il est aussi certain que le tribunal n'a point fait d'adresse, qu'il l'est que jamais il n'en conçut l'idée, comment aurais-je donc pu en être le rédacteur ? où est donc cette pièce fameuse ? qui l'a vue ? il faudra bien que l'on fasse ces preuves, ce qui sera facile si le fait est vrai ; mais s'il est faux, les dénonciateurs n'espèrent pas sans doute sauver leur front du sceau ignominieux que la justice imprime sur les criminels de cette espèce.

» En un mot, je n'ai rien dit, rien écrit qui ne me fût commandé par une loi, un décret ou un ordre supérieur écrit ; et comme on ne m'a jamais ordonné de faire des adresses en l'honneur de Bonaparte, et injurieuses à l'auguste famille régnante, je n'ai pas même conçu l'idée d'un pareil forfait.

Encore *des peines infamantes et la perte de votre tête.* Vous êtes bien convaincu qu'on ne peut vous prendre à la lettre. C'est donc chez vous un abus d'expressions et un simple *modus loquendi* qui n'en impose à personne.

Comment concilierez-vous votre défense avec les termes de cette affiche où vous faisiez une obligation à tous les citoyens de Lyon, de venir au greffe signer les articles additionnels, c'était pour eux, disiez-vous, *un devoir?* connaissez-vous toute la force de ce mot *un devoir*, et toute l'infamie des articles additionnels?..... Oui, vous les connaissez, et dès le moment que vous avez osé signer, publier et afficher que c'était *un devoir* à vos concitoyens de venir pour signer un acte de turpitude et de rebellion ouverte, vous fûtes capable de tout.

Comme vous aviez signé ces articles additionnels, vous auriez désiré que toute la ville vous eût imité, afin de vous tirer de ce mauvais pas en alléguant un concours universel, et citant cet adage du droit : *error communis facit jus.* S'il n'en a pas été ainsi, c'est un malheur pour vous ; car vous avez fait tout ce qu'il était possible pour parvenir à ce but.

Vous parlez de plainte portée par le tribunal : on vous déclare qu'il n'y en a point et qu'il n'y en aura point..... C'est envain que pour effrayer ceux qui auraient le courage de vous dire la vérité, vous indiquez le tribunal de Riom, comme désigné pour connaître de l'accusation ; c'est envain que vous agitez tous les serpens de la discorde, pour engager une autorité respectable à vous servir d'égide...... Un auteur écrivant l'histoire contemporaine est induit en erreur sur un fait : s'il la répare de suite, toute accusation cesse.

Or, la réparation a été authentique par les auteurs du Tableau historique, soit dans le journal, soit dans la seconde édition. Cette réparation est pleine, entière et on ne peut plus satisfaisante, elle est enfin digne de l'autorité injustement inculpée.

A quelle fin et pour quel but cette autorité rendrait-elle plainte ? l'arrêt le plus solennel ne rendrait pas la justification plus complète, et toute idée de peines ou de vengeance, ne pourrait se concilier avec le respect dû à cette autorité.

— — —

» Il faut faire le même cas de la supposition que j'ai invité les avoués à signer les actes additionnels ; et je défie avec une égale assurance les auteurs de la brochure, de rapporter, d'indiquer même la moindre preuve de cette odieuse assertion.

» Enfin ces zoïles me reprochent la prestation de mon serment ; mais ils insistent peu sur cette inculpation.

» Je ne veux pas leur savoir gré d'une espèce de ménagement dont je ne suis pas l'objet.

» Lorsque je répétai cet ancien serment avec tous les tribunaux et toutes les cours du royaume , je considérai d'abord qu'il ne pouvait être d'aucune influence sur les grands intérêts qui s'agitaient alors et dont le résultat était uniquement subordonné au sort des combats.

» Mais un motif bien plus puissant me dirigeait. La police avait déjà emprisonné et mis à ma disposition plusieurs accusés du crime de royalisme. On pouvait craindre que la grande lutte qui ébranlait toute l'Europe ne durât pendant une année et même plus , et qu'ainsi le nombre de ces prévenus ne se multipliât. Cependant, en refusant le serment, il fallait quitter mon poste sans délai. Il est bien certain qu'alors je n'aurais pas été remplacé par ce qu'on appelle un royaliste pur. Il fallait donc livrer ces malheureux à un successeur qui , au lieu de les ménager , aurait certainement tâché de prouver, à leurs dépens , l'excès de son zèle et de sa fidélité au gouvernement de ce temps. Et si à la fin de ces calamités je fusse revenu à ma place , qu'auraient pu dire de moi mes concitoyens, si ce n'est que j'étais un lâche, qui les

( 23 )

avait livré à la fureur d'un parti ; et que l'abandon de
mes fonctions n'avait été qu'un prétexte pour me mettre
en sûreté.

» Au contraire, le seul usage que j'ai fait de l'obligation
qui m'était imposée , a consisté à accélérer le moment de
leur délivrance , et à ne pas entraver par l'appel ou par
l'opposition aucun des jugemens qui prononçait leur li-
bération.

» Je dois donc espérer qu'au lieu de voir un motif de
blâme dans cette conduite , on n'y remarquera qu'une
preuve de mon courage et de mon attachement à la cause
du Roi , puisqu'elle me fut suggérée uniquement par le
désir de ne pas livrer à une tyrannie judiciaire un plus
grand nombre de ses plus zélés partisans, et que j'ai
atteint ce but.

» J'ose même me flatter qu'on réunira ce titre à ceux
que j'avais notoirement acquis en partageant les périls
auxquels se vouèrent mes concitoyens en 1792 et 1793 ,
pour la cause de nos Rois , et dont je fus si cruellement
la victime.

» Comment ces misérables écrivains auraient-ils sur-tout
pu se persuader qu'avec l'expérience que j'ai acquise nécessairement , en vivant pendant vingt-cinq ans au milieu
des révolutions , j'aie été assez sot pour me compromettre
en énergumène pour une cause qui , dès le principe , paraissait au moins douteuse à ceux qui se croyaient forcés
de l'embrasser !

Votre mémoire , M. Maret , vous trahit sans
cesse : rappelez-vous que ce ne fut qu'à la
suite de beaucoup de démarches et de sollici-
tations que vous parvîntes à arracher la signature d'un avoué ; rappelez-vous donc sa

résistance et ses objections. Sa vie privée, comme sa vie politique, sont sans tache; sa fidélité aux Bourbons était scélée par quinze ans d'exil et de malheur.... Ah! qu'il ne s'afflige pas d'une erreur qui ne fut point son ouvrage, le barreau et le public lui rendent justice.

Rappelez-vous encore, M. Maret, qu'un jour vous réunîtes dans votre cabinet plusieurs huissiers sous divers prétextes, et qu'usant de l'ascendant que vous aviez sur eux par votre place, vous leur prescrivîtes l'obligation de signer, et ce *devoir*, d'après les termes de votre affiche, ce *devoir* fut rempli en votre présence. Un des huissiers signataires, les larmes aux yeux, s'empressa de rapporter le fait.

C'est avec peine, sans doute, que l'on rappelle de pareils actes; mais M. Maret est si menaçant, ses invectives sont si fortes qu'il faut bien lui prouver que si l'on avait esquissé en dix lignes sa conduite politique, on l'avait fait en connaissance de cause, et qu'il aurait dû *suivre le conseil des personnes recommandables.*

Enlevons à M. Maret jusques à son style. *Ici* l'envie de rire *interdit le raisonnement et fait échapper la plume des doigts. Nunc risum*

*teneatis , amici*.... C'est pour sauver les personnes *accusées du crime de Royalisme*, que
M. Maret a prêté serment et conservé sa place?
Quel acte de bonté! quel dévouement pour
ses concitoyens.... ah! qui l'aurait cru? Vous
n'avez cependant obligé que des ingrats, car
tous se plaignent amèrement de vos procédés,
principalement M. le Curé de St.-Cyr, M. Aldey,
M. Dubost, etc., etc., etc. Vous auriez été traité
de *lâche*, dites-vous, si vous eussiez abandonné
votre place? Permettez-nous de vous répondre
par un grand exemple.

Quand le factieux Bussy, à la tête de quelques satellites, entra au parlement de Paris
et donna ordre au président Achille du Harlay
de jurer fidélité à la ligue ou de le suivre à
la Bastille, Achille du Harlay se leva en s'écriant:
*mon ame est à Dieu, mon corps est au Roi,
marchons à la Bastille*. Ce président fut assez
*lâche* pour ne pas trahir son Roi, prêter un
faux serment. Il n'ignorait pas que celui qui
devait lui succéder, Brisson, était un ligueur
effréné qui persécuterait les amis du Roi. Cependant il préféra les fers au parjure.

Dans quel degré d'immoralité la nation fran-
çaise serait-elle donc tombée, si l'indignation
la plus universelle ne venait frapper ce Magistrat qui ose dire par écrit qu'il a prêté ser-

ment à Bonaparte pour servir le Roi! Anathême, mille fois anathême aux traîtres et
aux parjures. La cause du Roi était trop belle
pour la servir par des crimes.... Si on ad-
mettait Monsieur Maret à prêter un serment
pour le Roi, qui, d'après son raisonnement,
pourrait nous répondre que ce ne serait pas
un nouveau parjure, et qu'il ne le prêterait
qu'avec le projet de servir un parti opposé? ...
Ah! M. Maret, vous vous êtes jeté dans un cercle
vicieux de raisonnement, dont vous ne sortirez
jamais; c'est vous-même qui présentez votre
portrait moral, et on en est épouvanté.

Encore une ingénuité de la part de M. Maret.
Il a trop *d'expérience en révolution*, nous dit-
il... Et c'est précisément cette expérience qui
vous a fait prendre une fausse route ; vous
auriez voulu servir deux maîtres, réunir les
inconciliables, et, à tout événement, rester en
place. Vous vous classez vous-même dans la
cathégorie la plus dangereuse de ces fonctionnaires publics qui sont prêts à approuver
toutes les révolutions, pourvu qu'on les em-
ploie, et qui alors, satisfaits de leur *expérience
en révolution*, métamorphosent en sagesse et
en prudence leur insigne fourberie.... Ce serait une triste ressource que de vous classer
comme vous le faites avec de tels person-

nages. Quelle fatalité? vous ne pouvez pas même avoir ce triste avantage..... car vous en avez beaucoup trop fait....

———————

» Ne pouvant trouver assez de ressources dans l'imposture, mes ennemis s'emparent des armes du ridicule. Ils essayent d'insinuer que j'ai supprimé la lettre *S* de mon nom, afin de lui donner l'idendité avec celui d'un ministre de Bonaparte.

» Mauvais écoliers dans le petit art du persiflage, sachez que je n'ai jamais voulu être que le fils de mon père, qui était aussi un magistrat ainsi que mes aïeux, et que je n'ai jamais signé autrement qu'aujourd'hui, ainsi qu'on peut le vérifier par mon extrait de naissance, et par les signatures nombreuses et authentiques que je donne à Lyon depuis trente ans.

» Je ne dois rien à Bonaparte ni à ses ministres dont je ne me suis jamais dit le parent. J'avais été appelé à la magistrature par la confiance publique long-temps avant qu'il fût question de ces puissances sur notre horizon politique, et j'y ai été maintenu par une conduite aussi active que régulière, que mes concitoyens ont toujours récompensée en m'appelant sans cesse à toutes leurs fonctions communales, et ce n'est pas même au gouvernement de Bonaparte que je dois, après 24 ans de services publics, une distinction honorifique, je la tiens directement du Roi, sur le rapport du chef de la magistrature.

Une lettre de plus ou de moins, ajoutée ou enlevée périodiquement à votre nom, est un fait indifférent, comme votre généalogie de magistrats, vraie ou supposée.... Ce sont là moralité et le mérite personnel que l'on désire aujourd'hui dans les hommes publics ; et alors une généalogie d'ancêtres qui ont servi la patrie , ajoute un lustre aux actions.

Dans l'hypothèse , à quel fin cette généalogie de magistrats ?... Vous ne l'apercevez pas, Lecteur impatient: dès-lors on se trouve obligé de tout vous révéler.

Il a été tiré sur papier vélin , en petits formats reliés en maroquin, quelques exemplaires de l'énorme justification de M. Maret, dont l'un est destiné pour Son Excellence Monseigneur le Garde des Sceaux, qui, réunissant les 24 ans de magistrature de M. Maret, avec sa généalogie de magistrats, lui conservera nécessairement son emploi, en faveur de ses aïeux.... Cela ce sera fait sans méchanceté, sans envie de nuire, et d'après une note du correspondant qui aura dit, insistez sur tel et tel point.

----

» Ici se termine ma réponse aux dégoûtantes diatribes imaginées contre moi. Mais il doit m'être permis d'examiner quels peuvent en être les auteurs , quel a pu être leur but, et quel fruit ils peuvent en recueillir.

« L'un d'eux a décliné son nom : dès-lors il a cessé d'être dangereux. Cette indication suffit pour ma justification , elle répercute contre lui-même toute l'explosion de sa rage : elle neutralise tous ses poisons.

» Cependant je dois ajouter que je n'ai point mérité cette atroce vengeance du Sieur Burtin.

» Ce n'est point en effet par ma faute qu'il fut maltraité par écrit, et dans des plaidoiries qui eurent lieu devant moi, entre M. le Comte Dalbon et quelques autres personnes, et qu'il éprouva des désagrémens à la suite de l'affaire de la fameuse femme Guidal; enfin je n'ai point coopéré aux arrêts qui le déboutèrent de sa plainte en calomnie contre M. Monnier Avocat, suppléant du tribunal.

» A quel titre aiguise-t-il donc tous ses poignards contre moi; est-il l'instrument d'une vengeance étrangère, ou par hasard serait-il un de ces aspirans à ma place, que l'on dit être nombreux ? Dans ce cas, il serait naturel et excusable à ses yeux d'employer toutes ses ressources pour la rendre vacante; mais le procédé est-il délicat ?

« Il sait sans doute qu'il avait déjà été employé auprès du Chancelier, ainsi que j'en fus instruit le 1.er mars dernier; mais la clandestinité ne produisit pas l'effet qu'en attendaient ses lâches auteurs, et je prouvai facilement que j'ai toujours été irréprochable, comme magistrat, comme époux, comme père de famille, et comme citoyen.

» Heureusement la réputation de l'homme probe ne devient pas si facilement la proie des pervers. Il est vrai que ce doit être une grande satisfaction pour *ces belles ames*, d'avoir réduit l'homme de bien à se justifier.

J'attaque la vie politique de M. Maret; en représaille il s'attache à ma vie particulière. Ah ! M. Maret, vous êtes un imprudent; j'aurais sur ce point trop d'avantage sur vous, mais je ne veux pas vous imiter et me jeter dans la carrière du libelle.

C'est encore votre correspondant qui vous a conseillé de rejeter tout ce qu'on a dit de votre conduite politique sur des motifs *d'atroce vengeance*, afin d'en atténuer l'effet... et comme il n'y a ni vengeance, ni motif, vous les créez, vous les supposez, c'est dans l'ordre.

Par exemple, où avez-vous pris l'idée, la seule idée que j'aie été maltraité par écrit et verbalement, dans un procès de M. d'Albon sous votre présidence. Les pièces du procès existent, les jugemens sont au Greffe, les avocats sont vivans, apportez-moi seulement une seule sémi-preuve d'un fait qui n'est que le fruit de votre imagination et qui prouverait l'ignorance de vos devoirs. Car jamais un président ne souffrira qu'on *maltraite verbalement ou par écrit* une personne qui n'est point en qualité, et les avocats étaient trop instruits pour le faire... Il en est de ce fait comme de votre généalogie de magistrats... Cela est utile à votre défense, donc cela est...

Vous me parlez de désagrément à la suite de l'affaire Guidal. Il est vrai que l'orgueil en délire et la méchanceté se réunirent pour me porter un coup de poignard dans l'ombre, par un oubli de tout principe de justice; mais la satisfaction que je reçus dans le temps, soit du Ministre, soit principalement de mes confrères, a

été si grande et si entière que c'est m'honorer
que d'en rappeler le souvenir.

Le factum de M. Monnier était très-calom-
nieux, il en convenait ; mais il soutenait que je
n'avais d'action que contre ses cliens. Les tribunaux l'ont ainsi jugé. Alors j'ai suivi mon
action contre les cliens, qui ont été condamnés
à trois mois de prison, 1200 francs de dom-
mages-intérêts, avec suppression du mémoire,
affiches et dépens. Obtenez donc une satisfaction aussi éclatante contre vos calomniateurs.

Ainsi, sur trois affaires que vous citez, la
première est idéale, elle n'est qu'un jeu de
votre imagination. Les deux autres ont eu la
solution honorable que j'avais le droit d'en at-
tendre.

Tous vos efforts, vos injures n'ont qu'un but,
c'est de conserver ce que vous appelez mo-
destement *ma place*, et, rempli d'une juste
crainte pour cette *chère place*, votre imagination se crée des fantômes pour se procurer le
plaisir de les renverser. C'est à cet effet
que vous me supposez un de vos nombreux
concurrens, ou ayant donné en 1814, des
renseignemens au Chancelier sur votre moralité...... Quelle crainte pusillanime ! elle est
inutile lorsque l'on *a heureusement la réputation d'homme probe, d'homme de bien ;
que l'on a toujours été irréprochable comme*

*magistrat, comme époux, comme père de fa-
mille et comme citoyen.... * Vous en conviendrez cependant, ce long panégyrique paraît
sans but pour ceux qui vous connaissent, et
devient suspect aux autres comme votre ouvrage.

———————————

» Quant aux auteurs anonymes du *Tableau historique
des événemens qui se sont passés à Lyon depuis le retour
de Bonaparte jusqu'au rétablissement de Louis XVIII*,
je ne connais pas même leurs noms. Cette ignorance est
une jouissance pour moi, et je ne ferai rien pour en sortir
jusqu'à ce que l'instant de les faire punir juridiquement
soit arrivé. Il est possible qu'ils soient du nombre de ceux
à qui j'ai été obligé de déplaire dans l'exercice de mes
fonctions, quoique j'en aie toujours tempéré la rigueur
autant que l'intérêt social me l'a permis.

» Peut-être sont-ils de ces individus dévorés par une basse
jalousie, qui poursuivent dans la supériorité des autres
citoyens le tort qu'elle fait à leur vanité ; de ces êtres
obscurs qui considèrent comme un grand moyen d'acqué-
rir une certaine consistance, de devenir des personnages,
en se livrant à des excès contre un homme élevé sur le
piédestal d'une magistrature importante.

» Au reste, quels que soient leurs motifs, j'ai prouvé
qu'ils sont des calomniateurs, et je les ai ainsi attachés
au pilori de l'opinion publique ; car il y a certains forfaits
qui supposent de l'énergie et du courage, celui-là n'an-
nonce que la bassesse, c'est celui des lâches. Voltaire
prétend que parmi les galériens il y a des individus dignes
de quelqu'intérêt, et même susceptibles d'être excusés
jusqu'à un certain point ; mais que si parmi eux il s'en
trouve

trouve un condamné pour crime de calomnie, il n'est pas même digne de pitié, parce qu'il a mérité un supplice encore plus grave que celui de la galère. Aussi les anciens Germains étouffaient-ils dans la boue les coupables de cette espèce.

*Le pilori de l'opinion publique, le piédestal d'une magistrature importante*, ont beaucoup récréé vos lecteurs; vous n'êtes pas heureux dans vos comparaisons ni dans le choix de vos expressions lorsque vous voulez vous écarter du langage vulgaire; mais comme il n'y a pas de nécessité, on vous répondra alors avec l'auteur de l'*Irato : dis tout simplement qu'il faisait clair de lune.*

Les épithètes de *lâches*, de *bassesse*, de *galérien*, et cent autres de ce genre sortent de votre plume avec plus d'aisance: c'est envain que l'on veut s'envelopper, le naturel perce toujours.... et tout le monde y reconnaîtra le type de la bonne éducation.

Suivant M. Maret, les anciens Germains étouffaient dans la boue les calomniateurs : il y a erreur, ce supplice n'avait lieu que pour les parjures.... Écoutez le Journal Général de France, n.° 413.

*Que la bonne foi soit donc en honneur parmi nous, que le parjure et la félonie deviennent le dernier degré d'avilissement. Les*

*Germains étouffaient sous des claies et dans la boue les lâches qui trahissaient leurs sermens : étouffons sous le mépris ceux qui se tachent de la même infamie.* En citant les Germains, M. Maret prononce, et sa condamnation et son genre de supplice.

On vous a calomnié, vous voulez faire punir les auteurs anonymes du Tableau historique, auteur de la calomnie..... Ils vous doivent une satisfaction éclatante et publique, permettez que je me réunisse à eux pour vous la faire solennellement.

Honneur, trois fois honneur *à ce Magistrat important*, qui, imitant le Brutus de l'antiquité qui méconnut les sentimens de la nature, de même, comblé de bienfaits de son souverain et de signes honorifiques, foula à ses pieds tous ceux de la reconnaissance, se jeta tête baissée dans le centre des ennemis de son bienfaiteur et de son Roi pour en augmenter le nombre, et se plaça ainsi volontairement *sur le piédestal de la plus importante fédération.*

La voilà cette satisfaction, telle qu'elle est dictée par la justice et la vérité, la voilà ; c'est avec la voix de Stentor qu'on la répétera, c'est avec la trompette de la Renommée qu'on la publiera.... Et l'on vous dira comme jadis : humiliez-vous et n'accusez pas.

» Supposons que ces géans en méchanceté ne fussent que des médisans, en seraient-ils moins dignes de l'opprobre public ?

» Est-ce à eux que la société a confié la surveillance de ses autres membres ? Le Gouvernement ne l'a-t-il pas donnée à des préposés dignes de sa confiance et de la nôtre. A Rome, cette magistrature morale et politique, fut commise non à des inconnus ou à des hommes qui n'étaient avoués par aucune moralité, ce ne fut ni à Clodius, ni à Verrès, mais au vertueux Caton.

C'est confondre l'histoire avec la censure. Quand on dira en parlant des événemens du temps, tel magistrat a prêté serment, il a signé les articles additionnels; fédéré à Lyon, il a été au Champ-de-Mai, renouveler ce grand œuvre; il a rédigé et signé une affiche dans laquelle il faisait un devoir à ses concitoyens d'imiter sa conduite en signant les articles additionnels.... De tels faits et tous autres de ce genre appartiennent à l'histoire, et tout le monde a le droit de l'écrire.

La censure, au contraire, portait un œil scrutateur dans l'intérieur des familles. Elle avait pour but de mettre un frein aux mœurs, de limiter les dépenses de la table et de régler même les vêtemens. Cette magistrature qui n'eut lieu que dans les beaux temps de Rome, n'est connue que par l'histoire, et celui qui prétendrait l'exercer aujourd'hui serait traité de libelliste et justement condamné comme tel. Ah! M. Maret, pardon de la leçon. Si vous avez quelque connaissance de l'histoire, vous ne brillez pas dans les applications.

———————

» Ne sait-on pas d'ailleurs que pendant les quatre mois de la domination de Bonaparte, ses partisans avaient réuni tous les moyens imaginables pour agiter notre ville en proportion des gages de fidélité qu'elle avait constamment fournis à la famille des Bourbons par un courage que l'on ne peut comparer qu'aux malheurs qui en furent la récompense.

» Ne sait-on pas que cette contrainte fut exercée plus particulièrement contre les magistrats, et qu'ils ne pouvaient suivre leur penchant à faire le bien qu'en se frayant des chemins détournés et remplis de ronces et d'épines, qu'en usant de feintes bien excusables par le défaut de qualité de celui au nom duquel on commandait des poursuites, et qui remplaçait le droit par la force.

» Comment ces prétendus régulateurs de l'opinion, n'ont-ils pas compris sur-tout, qu'ils semaient les germes d'une funeste division, qu'ils préparaient des réactions, qu'ils arrêtaient les effets d'un repentir dont notre bon Roi serait si content, qu'ils forçaient les hommes qui n'avaient été que faibles ou trop crédules à devenir des ennemis prononcés ; qu'enfin ils divisaient en deux partis opposés le peuple français dont l'union seule pourrait l'arracher à l'état pénible où il est, tandis que les bons citoyens ne voient d'autre moyen que celui de nous rallier comme les enfans d'une même famille, autour de notre chef actuel, d'éteindre toutes les factions, de confondre dans le vœu du bonheur commun, toutes les volontés, sur la double base de l'amour du prince, inséparable de celui de la patrie et de l'obéissance aux lois.

» Ainsi un chorus universel de malédictions ne peut que s'élever contre ce petit nombre de perturbateurs du repos public, et ils doivent recevoir tôt ou tard de la justice et de l'opinion, la récompense qui leur est due. Ce que je leur pardonne le moins, c'est de m'avoir réduit à la nécessité d'occuper le public de moi.

    » Maret, *procureur du Roi au tribunal de première instance de Lyon, et chevalier de la Légion d'honneur.* »

Plus on avait cherché à agiter la ville, plus les magistrats du Roi, qui étaient ses mandataires spéciaux, devaient, ou par leur retraite, ou au moins par leur silence, opposer une digue à ce torrent. Loin de là, vous avez été un des moteurs, un des agitateurs : et cette prétendue *contrainte* exercée contre les magistrats ne peut vous concerner, puisque vous étiez un des contraignans.... Est-ce par contrainte, qu'affublé de votre costume judiciaire, vous vous êtes réuni avec M. Rambaud pour honorer l'homme qui venait porter le fer et le feu dans le sein de la France ? Est-ce par contrainte que vous avez tout fait, prêté serment, signé constitution et fédération ? Est-ce encore par contrainte que vous avez fait 200 lieues pour faire partie de l'assemblée centrale qui devait régénérer la France et détruire ce trône

antique qui pendant tant de siècles fit le bonheur et la force de la nation ? Ah ! vos raison-
nemens décèlent votre faiblesse et inspirent
la pitié.

C'est envain que ne voyant que vous et votre
place, vous nous parlez de paix et d'union...
Comme vous on le pense, il ne faut point de
réaction : oubli du passé pour tous, protection
et sûreté pour tous comme particuliers ; quant
aux hommes publics, qui ont coopéré au mouvement comme vous, ah! de bonne foi, peuvent-
ils continuer leurs fonctions? quelle garantie
aurait-on? et, d'après l'expérience, ne les verrait-
on pas chanceler à la première impulsion, et
chercher à augmenter le nombre des conspira-
teurs par volonté ou faiblesse?... Labédoyère et
le maréchal Ney tiendraient le même langage...
On vous le dit donc avec force, rentrez, rentrez
dans la classe des citoyens; quittez toutes
fonctions publiques, et il y aura pour vous,
comme pour tous, oubli du passé.

Enfin on respire, on a déroulé aux yeux
du lecteur impassible, le tableau des contra-
dictions, artifices, grands et petits mensonges
d'un homme *élevé sur le piédestal d'une magistrature importante.* On a renversé d'un souffle
cet échafaudage de niaiseries apologétiques,
de sottises intéressées, enfans perdus d'un
homme mourant.

On aurait pu assaisonner cette réponse, ainsi que M. Maret, d'épices plus fortes, s'armer de poignard et de poison... On a préféré à ces armes insolites le fleuret de la raillerie. Aussi gardez pour meilleure conclusion votre *pilori*, vos *galériens*, vos épithètes de *calomniateurs*, de *lâches*, de *mauvais écoliers*, de *folliculaires*, de *misérables écrivains*, de *libellistes*, de *diffamateurs gagés*, de *zoïles*, d'*imposteurs*, de *traîtres*, d'*ignorans*, etc. etc. etc. ; reprenez tous ces matériaux, car vous avez construit sur le sable... On ne vous dira plus qu'un mot, c'est qu'on a, comme Pascal, ses pensées de derrière.... Et qu'alors on fouillera la terre, et les roseaux parleront.

# *FAITS*,

## *PRINCIPES, OBSERVATIONS.*

On parle beaucoup de girouettes; mais il paraît que l'on erre sur la vraie signification de ce mot, ou pour mieux dire sur l'application trop générale que l'on en fait à tous ceux qui ont suivi les différentes phases de notre révolution.

On pense que cette épithète ne doit atteindre que ceux qui, dans leur conduite politique, ont voulu cumuler les contrastes et réunir les inconciliables. Par exemple, la France passa avec rapidité du gouvernement paternel de son Roi à celui d'une république de différentes formes ; de la république au consulat, et enfin du consulat au despotisme, sous le titre d'empire.... Cette succession de gouvernemens ne fut sensible que pour les chefs, et presque tous les fonctionnaires publics restèrent en place.... Traitera-t-on ces fonctionnaires de girouettes ? Très-certainement non : ils suivaient l'impulsion universellement donnée, et leurs fonctions, leurs sermens anciens se liaient sans effort avec les nouveaux ; il n'y avait aucun contraste, et ce n'était qu'une erreur générale et prolongée.

Après ces convulsions et ces tempêtes politiques, l'État eut le bonheur d'être gouverné par son Roi légitime, et presque tous les fonctionnaires restèrent encore en place.... Prétendra-t-on leur donner l'épithète de girouettes ? Non, parce qu'ils ont passé avec toute la nation du gouvernement impérial au retour de
l'ancien

l'ancien, à celui après lequel tous les bons Français aspiraient, et que les hommes en place n'étaient pas plus coupables que toute la nation, à qui des malheurs et une erreur de vingt-cinq années étaient communs.

Foulant aux pieds abdication et serment, l'homme de l'île d'Elbe, par son apparition subite, divise les Français en deux partis bien prononcés.... Au même instant, une foule d'hommes publics, se séparant de la bonne cause, méprisent leurs sermens et en profèrent de nouveaux....Voilà l'époque, la seule époque où commencent les girouettes, les véritables girouettes de toute forme et de toute grandeur, simples et à grands ressorts.... Parce que, 1.º cette action était le résultat de leur volonté; 2.º que, n'étant pas relevés du serment antécédent, ils prétendaient cumuler les contrastes et réunir les inconciliables; 3.º qu'ils cherchaient à accélérer un mouvement auquel était opposée la saine partie de la nation.

Dans quelle classe de girouettes placerons-nous ces deux magistrats qui, portant le titre glorieux d'*hommes du Roi*, se sont affublés de leur grand costume judiciaire, ont ainsi traversé les places et les rues pour féliciter l'ambitieux dont le succès était plus que douteux? En leur rendant justice, on les placera au premier rang de l'ordre, et on délivrera à chacun les plus grandes girouettes.

Il est un sûr moyen d'éteindre pour l'avenir cet ordre ignominieux : c'est d'adopter sur ce point les principes et la sévérité de l'homme trop fameux. Le doute dans les actions ou dans les opinions d'un homme en place était un crime qu'il ne pardonna jamais. Qu'il nous soit permis d'en citer un exemple sur mille.

Au moment où Bonaparte paraissait enseveli avec son armée sous les glaces du nord, trois généraux entreprirent de délivrer la France de l'oppresseur. Dans une de leurs mesures, ils placèrent une force armée à la Préfecture de Paris, et se saisirent de la personne du Préfet, à qui ils remirent un faux sénatus-consulte imprimé, annonçant entr'autres choses que l'assemblée du Gouvernement provisoire devait avoir lieu à la Préfecture, etc.... Entouré de la force armée, induit en erreur par le faux sénatus-consulte, ou employant peut-être un subterfuge pour s'échapper, M. le Préfet ne fit qu'ordonner au concierge de préparer la salle,.... et fut le premier, après l'événement, à témoigner sa joie sur son heureux résultat.... Ce doute, cette action indifférente dans la situation de M. le Préfet, devinrent le sujet d'une sévère condamnation que l'on connaît. Dans cette circonstance, tous les journaux répétèrent que, si les militaires mouraient sur le champ de bataille pour l'État, le même honneur était réservé aux fonctionnaires publics à leur poste, et qu'ils devaient plutôt périr que de tergiverser un seul instant.

Adoptons dans nos ennemis ce qu'ils ont pu avoir d'utile.... C'est à cette sévérité que Bonaparte a dû ce zèle à le servir: c'est cette sévérité connue qui lui a procuré dans la réaction cet empressement d'un grand nombre de fonctionnaires à se trouver sur ses pas; mourans ils s'y seraient fait porter, plutôt que de manquer à ce devoir: ils connaissaient l'homme, et savaient qu'avec lui il fallait des actions.

Supposons-le un moment à la place du Souverain, que ferait-il? Aucun homme douteux ne serait employé.

Faut-il le dire? Lors de l'avénement du Roi, cette mesure était commandée par la saine politique; mais elle eût paru contraire à la justice. En effet, ces fonctionnaires, aurait-on dit, ont partagé l'erreur commune; on peut juger par leurs services passés de ceux qu'ils peuvent rendre, et, loin d'être coupables, ils ont des droits à l'estime de tous: mais aujourd'hui ils sont tous connus; l'ivraie a été séparée du bon grain, et cette fois la politique et la justice seront concordantes.

Que l'on écarte avec soin ces *sépulcres blanchis*, ces êtres faibles et sans caractère qui n'aperçoivent leur devoir que dans les moyens de conserver leurs emplois; ces hommes audacieux qui conviennent par écrit qu'ils ont prêté un serment avec l'intention d'agir en sens contraire; ces pervers qui allèguent *leur expérience en révolution....* Loin de nous, tous ces insignes fourbes! Il ne faut que des hommes droits, pleins d'honneur, pénétrés d'amour et de respect pour leur Roi, et que, depuis le ministre jusqu'au garde-champêtre, il n'y ait pas un homme équivoque qui reçoive un traitement de l'État. C'est alors qu'il n'y aura plus de révolution; c'est alors que les Français forts par leur Roi, et le Roi puissant par eux, recouvreront cette gloire momentanément éclipsée, et reprendront leur rang parmi les États de l'Europe; c'est alors que, dans les périls, chaque Français, plein d'enthousiasme, s'écriera, avec le président du Harlay : *Mon ame est à Dieu, mon corps est au Roi!!!....*

FIN.